华语阅读金字塔·10级
Sinolingua Reading Tree Level 10

❹ 慈善步行

Charity Walk

Victor Siye Bao（鲍思冶） 曾凡静 编著
〔美〕Scott Rainen 翻译
翟国冰 绘画

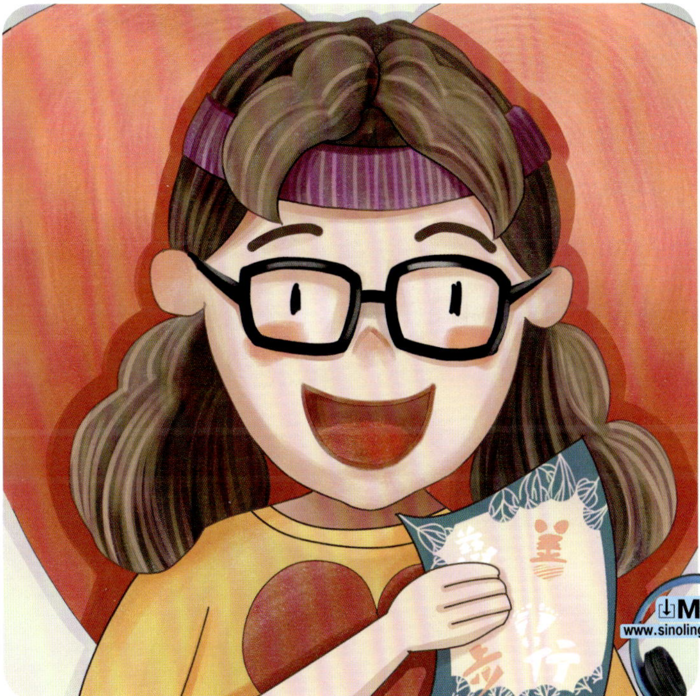

学校在两个月之前就决定要举办一次慈善步行的活动了,全学校的老师和学生都要参加。学校为这次慈善活动组织了一次设计大赛,最终获奖的作品是10年级一个女生设计的非常好看的公益主题T恤衫,和12年级一个男生设计的非常酷的慈善步行活动海报。

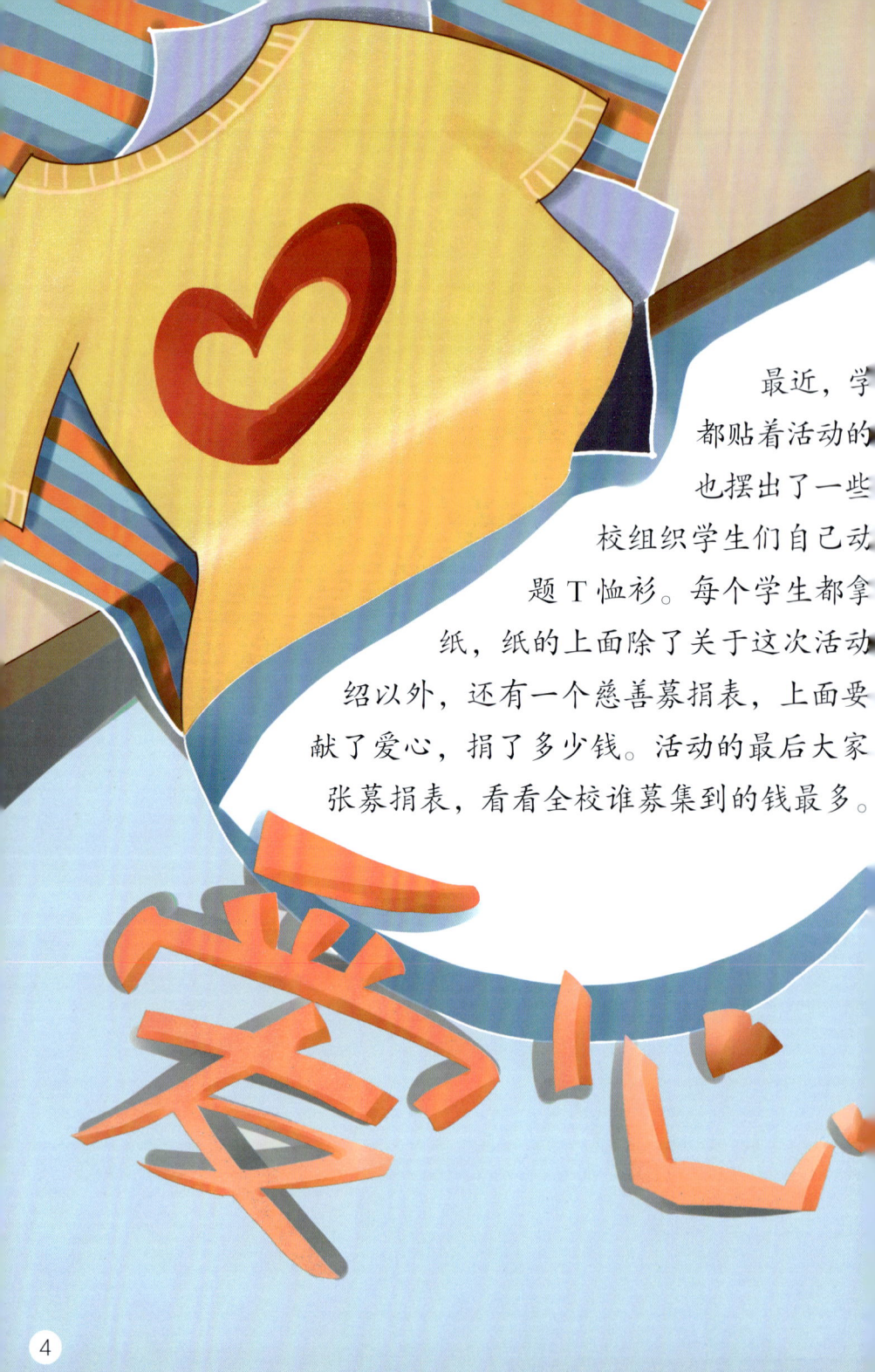

最近，学……都贴着活动的……也摆出了一些……校组织学生们自己动……题T恤衫。每个学生都拿……纸，纸的上面除了关于这次活动……绍以外，还有一个慈善募捐表，上面要……献了爱心，捐了多少钱。活动的最后大家……张募捐表，看看全校谁募集到的钱最多。

今天午饭前，我们学校所有的老师和学生都要坐校车去山顶。我们要从那里走回学校，来完成慈善步行活动，总长度大约有七公里。

上车以前,老师发给我们每个人一瓶水和一些巧克力能量棒,还检查了我们有没有穿舒适的鞋子。今天天气还不错,只是有点儿冷。到达山顶后,我们全校师生一起排着队往学校走。

我们经过了一个很大的公园。有的人一边走路，一边聊天；有的人一边走路，一边吃东西；有的人一边走路，一边看风景。

路上的风景真不错,有人停下来,拿出照相机拍照,想拍些好照片向学校的校刊投稿。

　　还有一些家长也来参加步行活动。同学们非常开心，家长们也非常开心。有的人走得很慢，有的人走得很快，我们走了一个半小时左右，终于回到了学校。虽然我感觉有点儿累，腿有点儿酸，脚有点儿疼，但是我非常开心，因为我们顺利完成了这次步行活动。

上个周末,我还去了我家附近的公园,向公园里的游客们宣传我们的慈善活动,也有一些热心人捐了钱,一共有一百多块。

明天我就要把这些钱送到学校的募捐活动办公室,全校师生也都会这样做。

虽然我现在还不知道全校一共能募集到多少钱,但是我相信总数一定会很多。想到我们可以帮助很多贫穷的孩子,我真的非常高兴。

真希望我们学校每年都可以举行这样有意义的活动。如果明年还有慈善募捐活动,我想自己制作一些T恤衫去义卖,那样一定能募集到更多的善款。

练习1 写一写

请你根据故事情节,给校刊写一篇有关这次慈善步行活动的文章。

练习 2 演一演

请几人一组,以故事情节为基础设计一个小剧本并表演一下在慈善步行当天都发生了什么。

练习 3 画一画

假设你们学校要组织慈善步行活动,为了吸引更多的同学积极参加,请你设计一张活动的宣传海报。

练习 4　完成句子填空，然后根据故事排出正确顺序

决定	到达	募集	支持	所有	海报	帮助
宣传	制作	组织	长度	检查	投稿	参加
如果	有的……有的	除了……还有	虽然……但是

(　)　_____山顶后，我们全校师生一起排着队往学校走。

(　)　今天午饭前，我们学校_____的老师和学生都要坐校车去山顶。

(　)　_____明年还有慈善募捐活动，我想自己制作一些T恤衫去义卖，那样一定能募集到更多的善款。

(　)　学校在两个月之前就_____要举办一次慈善步行的活动了，全学校的老师和学生都要参加。

(　)　学校为这次慈善活动_____了一次设计大赛。

(　)　我们要从那里走回学校，来完成慈善步行活动，总_____大约有七公里。

(　)　_____人走得很慢，_____人走得很快，我们走了一个半小时左右，终于回到了学校。

(　)　每个学生都拿到了一张纸，纸的上面_____关于这次活动的相关介绍以外，_____一个慈善募捐表，上面要记录谁奉献了爱心，捐了多少钱。

(　)　路上的风景真不错，有人停下来，拿出照相机拍照，想拍些好照片向学校的校刊_____。

(　)　活动的最后大家都要上交这张募捐表，看看全校谁_____到的钱最多。

(　)　还有一些家长也来_____步行活动。同学们非常开心，家长们也非常开心。

(　)　明天我就要把这些钱送到学校的募捐活动办公室，全校师生也都会这样做。想到我们可以_____很多贫穷的孩子，我真的非常高兴。

(　)　上车以前，老师发给我们每个人一瓶水和一些巧克力能量棒，还_____了我们有没有穿舒适的鞋子。

(　)　这个活动非常有意义，我的爸爸妈妈和亲戚们都很_____我，我向他们募集到了几百块钱。

(　)　最近，学校里到处都贴着活动的_____，楼道里也摆出了一些摊位开始售卖公益主题T恤衫。

(　)　上个周末，我还去了我家附近的公园，向公园里的游客们_____我们的慈善活动，也有一些热心人捐了钱，一共有一百多块。

(　)　_____我感觉有点儿累，腿有点儿酸，脚有点儿疼，_____我非常开心，因为我们顺利完成了这次步行活动。

举办	慈善
jǔbàn / hold	císhàn / charity

组织	设计
zǔzhī / organise	shèjì / design

公益	主题
gōngyì / public welfare	zhǔtí / theme

海报	绘制
hǎibào / poster	huìzhì / paint, draw

募捐	宣传
mùjuān / collect donations	xuānchuán / disseminate

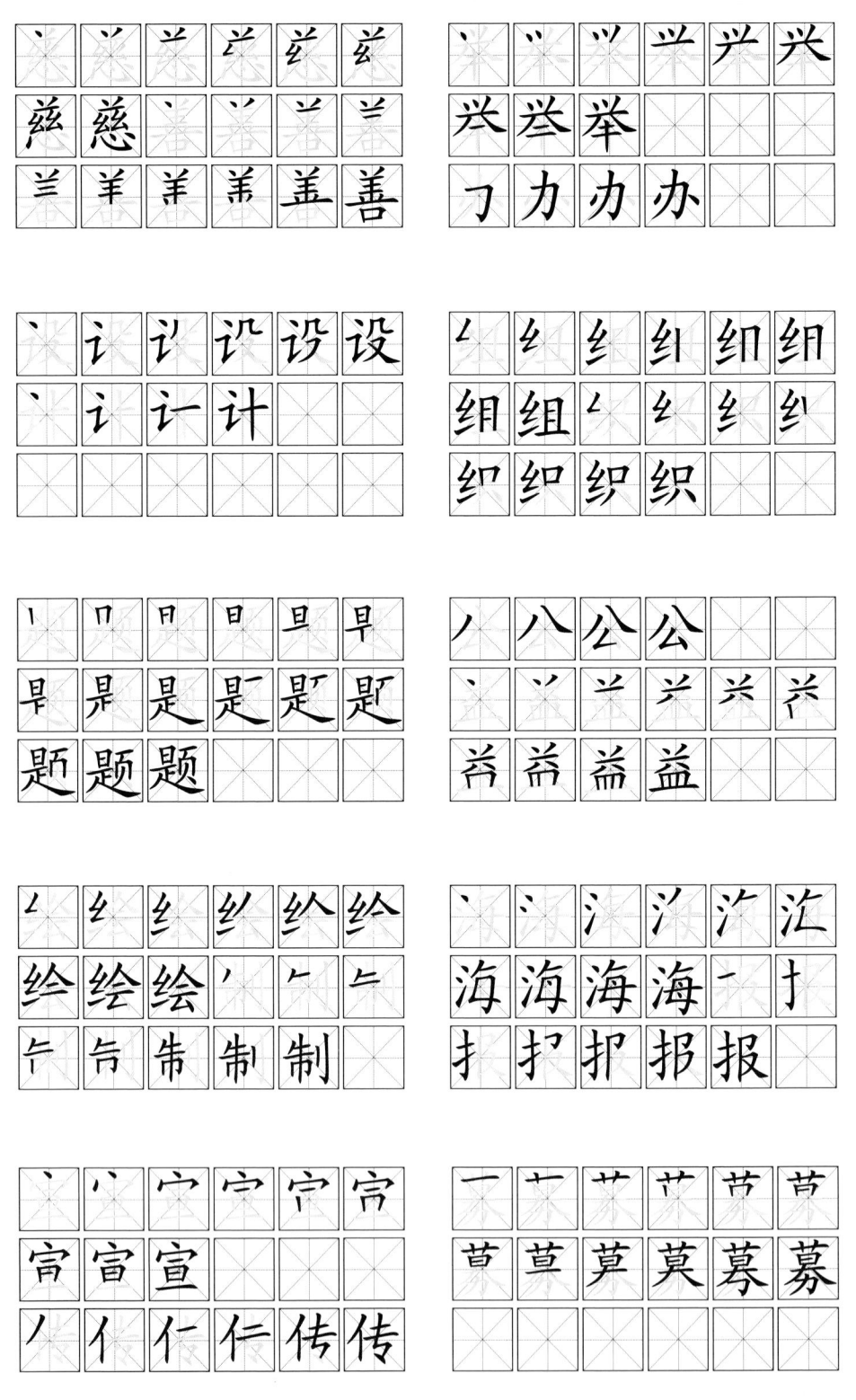

词汇表 Vocabulary

举办	jǔbàn	hold
慈善	císhàn	charity
组织	zǔzhī	organise
最终	zuìzhōng	final
作品	zuòpǐn	work
设计	shèjì	design
公益	gōngyì	public welfare
主题	zhǔtí	theme
海报	hǎibào	poster
贴	tiē	stick; put up
绘制	huìzhì	paint; draw
募捐	mùjuān	collect donations
能量棒	néngliàngbàng	energy bar
投稿	tóugǎo	submit an article for publication
顺利	shùnlì	smoothly
宣传	xuānchuán	disseminate

用拼音读一读
Pinyin Version

Xuéxiào zài liǎng gè yuè zhīqián jiù juédìng yào jǔbàn yí cì císhàn bùxíng de huódòng le, quán xuéxiào de lǎoshī hé xuéshēng dōu yào cānjiā. Xuéxiào wèi zhè cì císhàn huódòng zǔzhīle yí cì shèjì dàsài, zuìzhōng huòjiǎng de zuòpǐn shì shí niánjí yí gè nǚshēng shèjì de fēicháng hǎokàn de gōngyì zhǔtí T-xùshān, hé shí'èr niánjí yí gè nánshēng shèjì de fēicháng kù de císhàn bùxíng huódòng hǎibào.

Zuìjìn, xuéxiào li dàochù dōu tiēzhe huódòng de hǎibào, lóudào li yě bǎichūle yìxiē tānwèi kāishǐ shòumài xuéxiào zǔzhī xuéshēngmen zìjǐ dòngshǒu huìzhì de gōngyì zhǔtí T-xùshān. Měi ge xuéshēng dōu nádàole yì zhāng zhǐ, zhǐ de shàngmian chúle guānyú zhè cì huódòng de xiāngguān jièshào yǐwài, hái yǒu yí gè císhàn mùjuān biǎo, shàngmian yào jìlù shéi fèngxiànle àixīn, juānle duōshao qián. Huódòng de zuìhòu dàjiā dōu yào shàngjiāo zhè zhāng mùjuān biǎo, kànkan quán xiào shéi mùjí dào de qián zuì duō.

Jīntiān wǔfàn qián, wǒmen xuéxiào suǒyǒu de lǎoshī hé xuéshēng dōu yào zuò xiàochē qù shāndǐng. Wǒmen yào cóng nàlǐ zǒuhuí xuéxiào, lái wánchéng císhàn bùxíng huódòng, zǒng chángdù dàyuē yǒu qī gōnglǐ.

Shàng chē yǐqián, lǎoshī fā gěi wǒmen měi ge rén yì píng shuǐ hé yìxiē qiǎokèlì néngliàngbàng, hái jiǎnchále wǒmen yǒu méiyǒu chuān shūshì de xiézi. Jīntiān tiānqì hái búcuò, zhǐshì yǒudiǎnr lěng. Dàodá shāndǐng hòu, wǒmen quán xiào shīshēng yìqǐ páizhe duì wǎng xuéxiào zǒu.

Wǒmen jīngguòle yí gè hěn dà de gōngyuán. Yǒude rén yìbiān zǒulù, yìbiān liáotiān; yǒude rén yìbiān zǒulù, yìbiān chī dōngxi; yǒude rén yìbiān zǒulù, yìbiān kàn fēngjǐng. Lùshang de fēngjǐng zhēn búcuò, yǒu rén tíng xiàlai, náchū zhàoxiàngjī pāi zhào, xiǎng pāi xiē hǎo zhàopiàn xiàng xuéxiào de xiàokān tóugǎo.

  Hái yǒu yìxiē jiāzhǎng yě lái cānjiā bùxíng huódòng. Tóngxuémen fēicháng kāixīn, jiāzhǎngmen yě fēicháng kāixīn. Yǒude rén zǒu de hěn màn, yǒude rén zǒu de hěn kuài, wǒmen zǒule yí gè bàn xiǎoshí zuǒyòu, zhōngyú huídàole xuéxiào. Suīrán wǒ gǎnjué yǒudiǎnr lèi, tuǐ yǒudiǎnr suān, jiǎo yǒudiǎnr téng, dànshì wǒ fēicháng kāixīn, yīnwèi wǒmèn shùnlì wánchéngle zhè cì bùxíng huódòng.

  Zhège huódòng fēicháng yǒu yìyì, wǒ de bàba māma hé qīnqīmen dōu hěn zhīchí wǒ, wǒ xiàng tāmen mùjí dàole jǐbǎi kuài qián.

  Shàng gè zhōumò, wǒ hái qùle wǒ jiā fùjìn de gōngyuán, xiàng gōngyuán li de yóukèmen xuānchuán wǒmen de císhàn huódòng, yě yǒu yìxiē rèxīnrén juānle qián, yígòng yǒu yìbǎi duō kuài.

  Míngtiān wǒ jiù yào bǎ zhèxiē qián sòngdào xuéxiào de mùjuān huódòng bàngōngshì, quán xiào shīshēng yě dōu huì zhèyàng zuò. Suīrán wǒ xiànzài hái bù zhīdào quán xiào yígòng néng mùjídào duōshao qián, dànshì wǒ xiāngxìn zǒngshù yídìng huì hěn duō. Xiǎngdào wǒmen kěyǐ bāngzhù hěn duō pínqióng de háizi, wǒ zhēn de fēicháng gāoxìng.

  Zhēn xīwàng wǒmen xuéxiào měi nián dōu kěyǐ jǔxíng zhèyàng yǒu yìyì de huódòng. Rúguǒ míngnián hái yǒu císhàn mùjuān huódòng, wǒ xiǎng zìjǐ zhìzuò yìxiē T-xùshān qù yìmài, nàyàng yídìng néng mùjídào gèng duō de shànkuǎn.

用中文读一读
Chinese Version

　　学校在两个月之前就决定要举办一次慈善步行的活动了，全学校的老师和学生都要参加。学校为这次慈善活动组织了一次设计大赛，最终获奖的作品是10年级一个女生设计的非常好看的公益主题T恤衫，和12年级一个男生设计的非常酷的慈善步行活动海报。

　　最近，学校里到处都贴着活动的海报，楼道里也摆出了一些摊位开始售卖学校组织学生们自己动手绘制的公益主题T恤衫。每个学生都拿到了一张纸，纸的上面除了关于这次活动的相关介绍以外，还有一个慈善募捐表，上面要记录谁奉献了爱心，捐了多少钱。活动的最后大家都要上交这张募捐表，看看全校谁募集到的钱最多。

　　今天午饭前，我们学校所有的老师和学生都要坐校车去山顶。我们要从那里走回学校，来完成慈善步行活动，总长度大约有七公里。

　　上车以前，老师发给我们每个人一瓶水和一些巧克力能量棒，还检查了我们有没有穿舒适的鞋子。今天天气还不错，只是有点儿冷。到达山顶后，我们全校师生一起排着队往学校走。

　　我们经过了一个很大的公园。有的人一边走路，一边聊天；有的人一边走路，一边吃东西；有的人一边走路，一边看风景。路上的风景真不错，有人停下来，拿出照相机拍照，想拍些好照片向学校的校刊投稿。

　　还有一些家长也来参加步行活动。同学们非常开心，家长们也非常开心。有的人走得很慢,有的人走得很快,我们走了一个半小时左右,终于回到了学校。虽然我感觉有点儿累,腿有点儿酸,脚有点儿疼,但是我非常开心,因为我们顺利完成了这次步行活动。

这个活动非常有意义,我的爸爸妈妈和亲戚们都很支持我,我向他们募集到了几百块钱。

上个周末,我还去了我家附近的公园,向公园里的游客们宣传我们的慈善活动,也有一些热心人捐了钱,一共有一百多块。

明天我就要把这些钱送到学校的募捐活动办公室,全校师生也都会这样做。虽然我现在还不知道全校一共能募集到多少钱,但是我相信总数一定会很多。想到我们可以帮助很多贫穷的孩子,我真的非常高兴。

真希望我们学校每年都可以举行这样有意义的活动。如果明年还有慈善募捐活动,我想自己制作一些T恤衫去义卖,那样一定能募集到更多的善款。

用英文读一读
English Version

Two months ago, the school decided to hold a charity walk. All the teachers and students were required to participate. The school organised a design competition for the charity walk. The final winners were a great looking T-shirt about public welfare designed by a girl in the 10th grade and a really cool charity walk poster by a boy in the 12th grade.

Recently, posters for the event were put up all around the school, and booths were set up in the hallways to sell public welfare T-shirts which were painted by the students. Every student got a piece of paper. Besides a description of this event, the paper also had a form to record donations that were made, the names of charitable contributors and also how much they donated. After the event finished, everybody needed to hand over the donations form to find out who had raised the largest amount of money.

Today before lunch, all the students and teachers in our school would take a school bus to the mountaintop. We needed to walk back to the school from there in order to complete the charity walk, a total distance of about seven kilometres.

Before we got on the bus, the teachers gave each of us a bottle of water and several chocolate energy bars. The teachers also checked to see if we were wearing comfortable shoes. The weather wasn't bad today, just a little cold. At the top of the mountain, we formed a line to walk toward the school.

We passed through a big park. Some people talked as they walked, some people ate as they walked, and some people looked at the scenery as they walked. The scenery along the way was really great. Some people stopped and took out their cameras to take pictures. They wanted to take good pictures to submit to the school magazine.

Some parents also joined the walk. The students were very happy, and the parents were very happy, too. Some people walked slowly and some walked fast. We walked for about an hour and a half before we finally returned to the school. Although I felt a little tired, and my legs were sore and my feet hurt, I was still very happy because we had completed the walking activity without a hitch.

It was a very interesting activity. My parents and family members all supported me, and I was able to raise a few hundred yuan from them.

Last weekend, I even went to a park near my house to introduce our charity activity to the visitors. Some people enthusiastically contributed money. I collected over one hundred yuan from them.

Tomorrow, I will take this money to the school's fundraising office. All the teachers and students of the school will do the same. Although I don't know how much money the whole school will collect in total, I believe the total amount will be a lot. When I think about how many poor children we will be able to help, I feel extremely happy.

I truly hope that every year our school can hold meaningful activities like this. If there is another charity fundraising next year, I want to make a few T-shirts myself to sell for donations. By doing this, I can certainly collect even more donations.

❶ Level Chinese 在做什么

　　Level Chinese致力于为幼儿园、小学及初高中的汉语学习者提供精准的汉语阅读分级服务，其开发的汉语水平分级框架根据语法、词汇量和阅读技能等要素，将汉语水平分为20个级别。

　　Level Chinese目前可提供的服务有：

　　1.在线评估和数据分析服务。学生可通过在线平台测试自己的汉语水平，系统可提供即时数据，方便教师清晰地了解和准确地评估每名学生的汉语阅读水平及进展。

　　2.中文图书分级服务。根据Level Chinese开发的20个级别的汉语水平分级框架为文学类和非文学类中文图书进行分级（其中包括"华语阅读金字塔"汉语分级阅读系列全部图书及华语教学出版社出版的多套汉语分级阅读系列丛书），便于学生根据自身水平选择阅读书单。

　　3.配套阅读理解练习。为所有已分级的图书提供配套的阅读理解练习（worksheet，见右图），帮助学生在阅读的同时进一步巩固所学的语法知识和阅读技巧。

worksheet

❷ Level Chinese与ACTFL 分级对照表

Level Chinese	ACTFL	Level Chinese	ACTFL	Level Chinese	ACTFL
A	Novice Low	H	Intermediate Low	O	Intermediate High
B	Novice Mid	I	Intermediate Mid	P	Advanced Low
C	Novice Mid	J	Intermediate Mid	Q	Advanced Low
D	Novice High	K	Intermediate Mid	R	Advanced Low
E	Novice High	L	Intermediate High	S	Advanced Low
F	Intermediate Low	M	Intermediate High	T	Advanced Low
G	Intermediate Low	N	Intermediate High		

❸ 本故事级别为 Level Chinese J

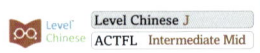

Level Chinese J
ACTFL　Intermediate Mid

　　Level Chinese J：此级别图书都为绘本书，每本20~50个句子，大部分句子是20个字左右的较长句子。J级绘本书以非重复性复合句为主，复合句包含关联词，可能包含有细节描写的句子或简单的修辞方法。J级绘本书所用词语大部分是常用高频词，可能包含部分书面语。绘本的图画可以传达出句子的大意，图片可能包含更多细节。

华语阅读金字塔
Sinolingua Reading Tree
10级 Level 10

"华语阅读金字塔"系列针对幼儿园、小学至中学以英语为母语的汉语学习者或国际学校的汉英双语学习者。全系列分为预备级、1~12级，共13个级别。预备级适合幼儿园阶段亲子阅读；1~12级词汇及语言难度螺旋上升，适合小学至中学阶段的学生学习。本系列根据IB中的PYP、MYP和DP ab initio教学话题，参照YCT、IGCSE、IB和AP等国际通行的中文考试大纲词汇，以及国际学校中比较流行的教材里的词汇进行编写。书中配有涉及听说读写的有趣练习和精心设计的探究项目（project），力求引导学生在探索中吸收与语言和文化有关的知识。本系列还提供配套音频和电子书，10级有如下10本。

The Sinolingua Reading Tree series is a collection of Chinese levelled readers aimed at kindergarten through secondary school-aged students who are native English speakers or who are studying at Chinese-English bilingual international schools. This series is divided into 13 levels, ranging from a starter level to more advanced levels. The starter level is intended for parent-child reading for kindergarten-aged children while the other 12 levels are suitable for primary and secondary school students. The series covers topics from the Primary Years Programme (PYP), Middle Years Programme (MYP) and the ab initio of the Diploma Programme (DP) established by the International Baccalaureate (IB). It is compiled with the use of the vocabulary listed in the syllabi of international Chinese language tests, such as the Youth Chinese Test (YCT), International General Certificate of Secondary Education (IGCSE), IB and Advanced Placement Programme (AP) as well as vocabulary in popular textbooks adopted by international schools. Each volume, complete with audio material and an e-book, is accompanied by exercises and a research project that aims to guide students in learning Chinese language and culture through exploration. Volumes 1-10 of Level Ten of the series are listed below.

www.sinolingua.com.cn　　Email: hyjx@sinolingua.com.cn　　Tel: (86) 10 - 68320585 68997826

出版策划：王君校　韩　晖
统筹协调：付　眉　韩　颖　彭　博
项目策划：陆　瑜
责任编辑：陆　瑜
英文编辑：吴爱俊
封面设计：张　颖
绘　　画：翟国冰

图书在版编目（CIP）数据

慈善步行：汉英对照 / 鲍思冶，曾凡静编著. — 北京：华语教学出版社，2020.8
（华语阅读金字塔. 10级；4）
ISBN 978-7-5138-1898-8

Ⅰ. ①慈… Ⅱ. ①鲍… ②曾… Ⅲ. ①汉语 - 对外汉语教学 - 语言读物 Ⅳ. ①H195.5

中国版本图书馆CIP数据核字(2020)第014671号

华语阅读金字塔·10级④慈善步行

Victor Siye Bao（鲍思冶）　曾凡静　编著
〔美〕Scott Rainen　翻译

*

ⓒ华语教学出版社有限责任公司
华语教学出版社有限责任公司出版
（中国北京百万庄大街24号　邮政编码100037）
北京玺诚印务有限公司印刷
2020年（32开）第1版
2020年第1版第1次印刷
（汉英）
ISBN 978-7-5138-1898-8
001990

First Edition 2020
First Printing 2020

Copyright 2020 by Sinolingua Co., Ltd
Published by Sinolingua Co., Ltd
24 Baiwanzhuang Street, Beijing 100037, China
Tel: (86) 10-68320585 68997826
Fax: (86) 10-68997826 68326333
http://www.sinolingua.com.cn
E-mail: hyjx@sinolingua.com.cn
Facebook. www.facebook.com/sinolingua

Printed in the People's Republic of China